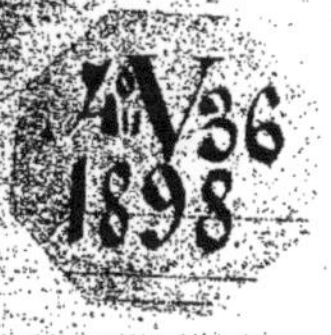

AF312390

Collection de Monsieur C...

ÉTOFFES ANCIENNES

PRINCIPALEMENT

FRANÇAISES & ITALIENNES

des XVIIe & XVIIIe siècles

Vente à Paris, HOTEL DROUOT, Salle N° 1
Le Lundi 26 Mars 1928

Collection de Monsieur C...

ÉTOFFES ANCIENNES

Principalement

FRANÇAISES & ITALIENNES

des XVIIe & XVIIIe siècles

1898

CONDITIONS DE LA VENTE

Elle sera faite au comptant.

Les acquéreurs payeront **14** ou **19 fr. 50 pour cent** en sus des enchères.

L'exposition permettant à MM. les acheteurs de se rendre compte de la nature et de la qualité des objets, aucune réclamation ne sera admise sitôt l'adjudication prononcée.

L'expert, dans l'intérêt de la vente, se réserve la faculté de réunir ou de diviser les lots.

L'expert assistera aux expositions et se tiendra à la disposition de MM. les Amateurs qui auraient un renseignement à lui demander ou un ordre d'achat à lui confier.

Paris. — Imp. Georges Petit. — 3426-28.

Collection de Monsieur C...

CATALOGUE

DES

ÉTOFFES ANCIENNES

PRINCIPALEMENT

FRANÇAISES & ITALIENNES

des XVIIe & XVIIIe siècles

Chapes — Chasubles — Dalmatiques — Devants d'Autel

Tapis de Table — Tentures

COUSSINS — PARAVENTS

en brocart, damas, brocatelle, velours, satin, taffetas, etc.

GALONS, FRANGES ET GLANDS ANCIENS

DONT LA VENTE AURA LIEU

HOTEL DROUOT, Salle N° 1

Le Lundi 26 Mars 1928

à deux heures

COMMISSAIRE-PRISEUR	EXPERT
Me RENÉ BOISNARD	**M. A. POLOVTSOFF**
20, rue Le Peletier, 20	8, rue de Castellane, 8
PARIS (9e)	PARIS (8e)

EXPOSITIONS PUBLIQUES

Hôtel Drouot, Salle N° 1

Le Dimanche 25 Mars 1928, de deux heures à six heures.

Chez M. Polovtsoff, 8, rue de Castellane

Les 21, 22 et 23 Mars 1928, de 2 heures à 5 heures.

Étoffes Anciennes

COUSSINS

1 — **Deux coussins** : l'un ovale, couvert en *damas* prune, d'époque Louis XVI, les deux bouts en *taffetas* cramoisi; galons rouge et jaune et glands d'or anciens; l'autre en losange, couvert de *brocatelle* rose du xviiie siècle, à décor blanc et vert, bandes en toile d'argent, dentelle, glands et galons d'argent anciens.

2 — **Deux coussins** : l'un en losange, couvert de *soierie* blanche *italienne* du xviiie siècle, à fond damassé et à décor polychrome de rinceaux de fleurs, galons d'argent anciens; l'autre carré, couvert de deux bandes de *soierie* du xviiie siècle, à fond crème damassé et à décor broché de rinceaux de fleurs, côtés en *faille* gris-bleu, franges et galons d'argent anciens.

3 — **Deux coussins** ronds, de tailles différentes, couverts en *damas* blanc du xviiie siècle, bordés d'un galon ancien prune et jaune, frange en croisillons.

4 — **Deux coussins** : l'un carré, en *brocart* rouge et or du xviie siècle, bordé d'un galon d'or ancien; l'autre long, couvert de *faille* rayée vert, rose et gris, de la fin du xviiie siècle, entre-deux de toile de soie jaune, ganses anciennes de coloris vert et rouge.

5 — TROIS COUSSINS (un rond et deux carrés), couverts de *broca-telle* verte et jaune du xviie siècle, montés avec des galons d'or anciens et de la *moire* verte. Revers en *taffetas* vert.

6 — DEUX COUSSINS : l'un en losange à coins coupés, couvert d'un *brocart* du xviie siècle, à fond crème, décor de fleurs polychromes en semis dans des feuillages jaunes, galons jaunes anciens; l'autre de forme irrégulière, à huit pointes, en *damas* rouge ancien, avec incrustations de *brocart* du xviiie siècle, à fond crème broché d'un décor de fleurs polychrome et or, franges et galons d'or anciens.

7 — DEUX COUSSINS : l'un carré, couvert de *lampas* du xviie siècle, à fond blanc, décor de fleurs roses et feuillages verts, bordé de galons jaunes anciens avec glands aux angles; l'autre rectangulaire, couvert d'une *brocatelle* d'époque Louis XIV jaune et verte, bordé de galons jaunes anciens et d'une bande de *taffetas* vert, franges anciennes aux angles.

8 — DEUX COUSSINS carrés : l'un couvert d'une *soierie* d'époque Louis XVI blanche, à décor polychrome de rinceaux de fleurs, galon d'or et glands anciens; l'autre couvert d'un carré de *soierie* crème du xviiie siècle, à décor polychrome de rinceaux de fleurs entre deux bandes de *taffetas* mauve, galons d'or anciens avec franges.

9 — DEUX COUSSINS carrés, à deux coins arrondis, couverts : l'un d'une *dauphine* gris-vert du xviie siècle, à décor de fleurs en rose, vert et blanc, dentelle et galon d'or anciens; l'autre d'un *lampas* Louis XIV à fond bleu ciel, décor vert pâle et rouille, frange et galons d'or anciens.

10 — DEUX COUSSINS : l'un triangulaire, en *taffetas* blanc bordé de bandes de *damas* blanc du xviiie siècle, galons et glands d'or anciens; l'autre rectangulaire, couvert d'une bande de *brocart* du xviie siècle, à fond crème et décor en or et vert, bordée de deux bandes de *damas* rouge du xviie siècle, franges et galons d'or anciens, revers en *taffetas* amarante.

11 — Trois coussins couverts avec des morceaux de *brocart*
d'époque Louis XIV rouge et or, à grand dessin de fleurs :
l'un, octogonal, avec entre-deux de drap d'or, galons d'or
anciens ; le second, ovale, avec entre-deux de toile d'argent,
frange, dentelle et galons d'argent anciens, revers en *taffetas*
cramoisi ; le troisième, rectangulaire, à coins arrondis, avec
galons d'argent anciens.

12 — Deux coussins de tailles différentes, couverts d'une *dauphine* rouge du xviiie siècle, à décor de rinceaux de fleurs
en jaune, bleu et vert, bordés de galons d'or anciens et de
bandes de *damas* rose.

13 — Deux coussins : l'un ovale, à coins droits, couvert d'une
soierie du xviiie siècle à fond bleu pâle et décor polychrome
de fleurs, frange et galons jaunes anciens ; l'autre, carré,
couvert d'une bande de *lampas* rose et blanc du xviie siècle,
bordée de *faille* crème et d'une ruche en faille rose de deux
côtés, galons d'or anciens.

14 — Deux coussins carrés, de tailles différentes, couverts en
dauphine du xviiie siècle, à fond brique et décor de rinceaux
de fleurs en crème, bleu et vert, garnis : l'un, d'une dentelle,
l'autre, de galons et de glands d'or anciens.

15 — Deux coussins ovales, couverts : l'un, d'une *brocatelle* du
xviiie siècle, verte à décor brun, franges et galons d'or anciens ;
l'autre, d'une *brocatelle* bleu pâle de deux tons, du xviiie siècle,
dentelles d'argent anciennes.

16 — Deux coussins oblongs : l'un, à bouts arrondis, couvert de
damas vert d'époque Louis XIV, les bouts en drap d'or
moiré, dentelle et galon d'or anciens ; l'autre, rectangulaire,
couvert de trois bandes de *brocatelle* du xviie siècle, à décor,
bis et vert, en semis de losanges, séparées par des bandes de
taffetas vert, frange et galons d'or anciens.

17 — Deux coussins : l'un, ovale, couvert de *brocart* du xviii^e
siècle, à fond rose, décor de fleurs en rose, bleu, vert, blanc
et or, galons d'argent anciens ; l'autre, oblong, couvert d'un
brocart damassé d'époque Louis XIV de couleur ardoise,
décor de fleurons d'or, bouts en damas blanc, galons et
glands d'or anciens.

18 — Deux coussins carrés couverts : l'un, d'une *soierie italienne*
du xviiie siècle, à fond bleu pâle damassé, décor de fleurs
mauve-rosé et de feuillages verts, galon d'or ancien ; l'autre,
d'une *soierie* du xviiie siècle, à fond crème damassé et décor
broché de semis de feuilles et de pastilles en bleu, bordé d'une
ruche en *faille* gris-bleu avec galon d'or ancien.

19 — Deux coussins : l'un, ovale, à coins droits, couvert en
damas d'époque Louis XIV, rouge, avec deux galons de
velours de Gênes cramoisi ; au centre, armoiries brodées
en relief, réappliquées, franges rouges anciennes ; l'autre,
carré, à angles arrondis, couvert en *damas* rouge, d'époque
Louis XIV, bande médiane en toile d'or ; au centre, écusson
en relief réappliqué, galons et frange d'or anciens, revers
en taffetas cramoisi.

20 — Deux coussins : l'un, ovale, couvert en *damas* rose avec
entre-deux de *moire* aubergine du xviiie siècle, galons d'or
anciens ; l'autre, oblong, en *damas* vert du xviiie siècle,
bouts arrondis en toile d'argent, galons d'argent anciens.

21 — Deux coussins : l'un ovale à coins droits, couvert d'un
brocart vénitien du début du xviiie siècle, à fond rose, décor
vert, blanc et argent ; franges et galons d'or anciens ; l'autre
hexagonal couvert de *brocart* du xviiie siècle, à fond crème,
avec bandes d'or et semis de fleurs polychromes et or,
galons d'or anciens et glands d'or aux angles.

22 — Deux coussins : l'un en forme de tonnelet, couvert d'un *droguet* français du xviiie siècle, à fond rouge et décor de roses dans des entrelacs blancs, franges et galons jaune et or anciens; l'autre oblong, couvert d'un *lampas* d'époque Louis XIV, rouge, à décor bis, blanc et bleu, les deux bouts en *brocart* damassé couleur jaune brun, tramé d'or; franges et galons d'or anciens; revers en taffetas cramoisi.

23 — Deux coussins rectangulaires couverts : l'un d'un *lampas* d'époque Louis XV, à fond damassé jaune, décor polychrome de fleurs, galons d'or anciens; l'autre d'un *brocart* d'époque Louis XIV, damassé et tramé d'or, couleur bois de rose, encadré de deux bandes de *faille* assortie, franges et galons d'or anciens.

24 — Deux coussins, l'un ovale, l'autre rectangulaire, couverts d'un *brocart* d'époque Louis XIV, à fond damassé rouge, avec semis de fleurons d'or, franges et galons anciens; revers en taffetas rouge.

25 — Deux coussins : l'un rectangulaire, couvert en *brocatelle de Venise* du xviiie siècle, à fond vert, décor jaune, galons anciens; l'autre oblong, couvert en *lampas* d'époque Louis XIV rouge, vert et crème, les bouts en *moire* jaune ancienne, galons jaune et or anciens avec franges.

26 — Deux coussins carrés, couverts, l'un en *damas* vert ancien, avec application d'armoiries ecclésiastiques, dentelle d'or ancienne ; l'autre en *moire* vert pistache, au centre, armoiries réappliquées en velours bleu et broderie d'or, galons et glands d'or anciens.

27 — Deux coussins oblongs à bouts arrondis, couverts : l'un en *brocart* d'époque Louis XIV, à fond vert, décor argent et jaune, les bouts en toile d'argent, galons d'argent anciens; l'autre en *brocart vénitien* du xviie siècle, vert et argent, les bouts en *damas* vert de la même époque, dentelle et galons d'argent anciens.

28 — Deux coussins rectangulaires, couverts : l'un en *dauphine* rose du xviii⁰ siècle, à décor polychrome de rubans et de fleurs, franges et galons d'argent anciens; l'autre d'une *soie brochée* d'époque Louis XVI, à fond rose, avec raies blanches et brunes, décor d'entrelacs de fleurs vertes et blanches, avec feuillages bis, dentelle d'argent ancienne; revers en taffetas rose.

29 — Deux coussins carrés, couverts : l'un de *damas* blanc du xviii⁰ siècle, au centre, écusson en broderie polychrome réappliqué, galons d'or anciens, aux angles, glands blanc et or anciens; l'autre de *drap d'or* ancien, avec application d'armoiries en relief, brodées sur blanc, dentelles d'or anciennes.

PARAVENTS

30 — Paravent du xviii⁰ siècle, à quatre feuilles, en *soie brochée*, à fond crème et à décor de tulipes roses. Chaque panneau est encadré de galon ancien et bordé de soie rouge-brun lamée d'or. Revers en moire beige.

Hauteur, 1 mètre.

31 — Paravent à six feuilles, en *soie brochée* gris-mauve, à décor de semis de fleurs en gris et jaune; chaque panneau bordé d'un galon d'or ancien et d'une bande de moire prune. Étoffes du xviii⁰ siècle. Revers en moire beige.

Hauteur, 1 mètre.

32 — Paravent à trois feuilles inégales, en *lampas* français gris-bleu, à décor blanc de rinceaux, époque Louis XIV. Sur la feuille du milieu (de double largeur), bande en *lampas* Louis XIV, à fond blanc et à décor polychrome de grosses fleurs; ce panneau bordé de galon d'or. Revers en moire beige.

Hauteur, 91 cent.

33 — PARAVENT à quatre feuilles, en *lampas* français gris-bleu, à décor blanc de rinceaux, d'époque Louis XIV, avec incrustations de panneaux en *lampas* de la même époque, à fond blanc, avec décor polychrome de grosses fleurs. Chaque panneau bordé de galon d'or. Revers en moire beige.

Hauteur, 79 cent.

34 — PARAVENT à quatre feuilles, en *taffetas* crème, broché de rinceaux de fleurs, de plumes et de rubans, décor polychrome. Panneaux bordés de galons jaunes anciens. Taffetas de la seconde moitié du xviii° siècle.

Hauteur, 95 cent.

35 — PARAVENT à quatre feuilles, en *taffetas* broché à fond blanc, avec rayures bleu-gris et jaune, décor de semis de fleurs polychromes. Époque de Louis XVI. Chaque panneau encadré de galons anciens jaunes, frange dans le haut. Revers en moire beige.

Hauteur, 1 m. 40.

36 — PARAVENT à quatre feuilles, en *brocart* à fond crème, décor de fleurs polychromes et argent, avec des rubans mauves. Étoffe d'époque Louis XV. Chaque panneau bordé d'un galon d'argent du xviii° siècle. Charnières en damas rouge. Revers de moire beige.

Hauteur, 1 m. 40.

OMBRELLES
CORDONS DE SONNETTES

37 — OMBRELLE en *soie* gros bleu frangée, manche en ivoire sculpté. Époque Napoléon III.

38 — OMBRELLE en *moire* grise, manche en ivoire sculpté. Époque Napoléon III.

39 — OMBRELLE en *broderie de perles* blanche et verte, manche en ivoire mouluré et sculpté. Époque Napoléon III.

40 — **Cordon de sonnette** en *broderie de perles* sur fond blanc.
Début du xixᵉ siècle.

41 — **Cordon** de sonnette en *broderie de perles*, poignée en
bronze or et vert, début du xixᵉ siècle.

ROBES ET GILETS

42 — **Robe** en *taffetas* rose broché de bandes à dessins verts et
blancs, devant en *dauphine* lie de vin, à rinceaux de fleurs en
vert et blanc. France, seconde moitié du xviiiᵉ siècle.

43 — **Robe** en *moire* champagne, à semis de fleurs rouges, bleues
et mauves. France, époque Restauration.

44 — **Robe** en *toile de soie*, à décor bleu pâle sur fond blanc,
figurant des algues. France, époque Restauration.

45 — **Gilet** en *satin* ivoire, brodé au passé de fleurs polychromes.
Époque Louis XVI.

46 — **Gilet** en *brocart* à fond d'or, décor de fleurs d'argent et de
roses roses avec des feuilles vertes. Époque Louis XV.

PASSEMENTERIE

47 — **Lot** de galons et de franges.

48 — **Lot** de galons et de franges d'or et d'argent.

49 — **Lot** de glands et de morceaux de franges en or.

50 — **Lot** de dix franges et de deux rubans du xviiᵉ siècle.

51 — **Dentelle** d'or du xviiiᵉ siècle. Largeur, 8 cent.; métrage,
9 m. 60.

52 — Dentelle en or et argent du xviiie siècle. Largeur, 5 cent.; métrage, 3 m. 75.

53 — Dentelle en or du xviiie siècle. Largeur, 8 cent.; métrage, 2 m. 40.

54 — Petite dentelle d'or du xviiie siècle. Métrage, 4 m. 30.

55 — Lot de deux petites dentelles d'or du xviiie siècle.

56 — Lot de dentelles d'or du xviiie siècle, de deux modèles différents. Environ 60 mètres.

57 — Lot de franges et de dentelles d'argent.

58 — Frange en or du xviiie siècle. Largeur, 16 cent.; métrage, 1 m. 60.

59 — Lot de franges d'or.

60 — Lot de sept franges en *soie* de couleur, d'époques diverses. Métrage total, environ 22 mètres.

61 — Lot de franges et de dentelles d'or et d'argent.

62 — Lot de quatre franges du xviie siècle, de couleurs diverses. Métrage, environ 3 mètres.

63 — Lot de sept galons de soie du xviiie siècle. Métrage total, environ 15 m. 50.

64 — Lot de trois galons : 1) en *velours de Gênes*; 1 m. 10. — 2) en *broderie* sur canevas; 96 cent. — 3) en *soie tissée* à bords rouges; 1 m. 15.

65 — Lot de quatre galons en *velours de Gênes* : 1) grecque verte; 4 m. 50. — 2) rinceaux verts et jaunes; 2 m. 25. — 3) galon de livrée à écusson bleu; 1 m. 25. — 4) décor rouge, vert et jaune, feuilles de chêne et arbres en bandes alternées; 1 m. 55.

66 — GALON d'argent du xviiiᵉ siècle. Largeur, 4 cent. ; métrage, 5 m. 35.

67 — GALON beige et or du xviiiᵉ siècle. Largeur, 5 cent. ; métrage, 14 m. 3o, en quatre morceaux.

68 — LOT de galons d'or et d'argent. Métrage total, environ 175 mètres.

69 — LOT de galons d'or et d'argent de diverses largeurs. Métrage total, environ 297 mètres.

70 — LOT de galons d'or de diverses largeurs. Métrage total, environ 299 mètres.

71 — LOT de galons d'or et d'argent de différentes largeurs. Métrage total, environ 206 mètres.

72 — Lot de galons de soie et de métal, de différentes largeurs. Métrage total, environ 289 mètres.

73 — LOT de glands en soie et en métal.

74 — DEUX ÉCUSSONS en étoffe et broderie.

VOILES

75 — VOILE de calice en *taffetas* crème brodé d'or et de fleurs polychromes au passé dans les angles. Il est bordé d'une dentelle d'or et doublé de taffetas rose. Italie, xviiiᵉ siècle. Long., 65 cent. ; larg., 65 cent.

76 — VOILE de calice en *toile d'argent* brodée d'or et d'argent, avec paillettes. De forme demi-lune, il est bordé d'une dentelle d'or et doublé de taffetas bleu pâle. Italie, xviiiᵉ siècle.

77 — PETIT CARRÉ de *soie* brochée, à fond gris, décor de fleurs en brun, jaune, bleu, vert et blanc. Il est bordé d'un galon d'or. Italie, xviiiᵉ siècle. Long., 47 cent. ; larg., 48 cent.

78 — Petit carré en *faille* damassée crème, à décor polychrome broché de carottes et de fleurs. Bordé d'un galon jaune ancien, il est doublé en taffetas jaune. France, xviiie siècle. Long., 56 cent.; larg., 55 cent.

79 — Petit carré en *brocart* à fond crème, décor de rinceaux de fleurs en mauve, bleu, vert et argent, festons en or et argent. Il est bordé d'une dentelle d'argent ancienne et doublé de taffetas bleu. xviiie siècle. Long., 56 cent. ; larg., 57 cent.

80 — Petit carré en *brocart* d'époque Louis XVI, à fond crème vergé, avec bandes de pointillé vert pâle, décor en semis de bouquets polychromes et or et de fleurons or. Il est bordé d'un galon d'or. Long., 5o cent. ; larg., 5o cent.

81 — Voile de bénédiction en *taffetas* blanc, brodé au passé de sujets religieux entourés de motifs de fleurs. Au centre, Christ bénissant entre deux chérubins; en bas, Christ en croix entre la Vierge et Madeleine. Inscription en allemand : *Er ist ave erstanden und ist nicht hir*. En haut : *R. D. V.* Bordé d'une dentelle d'or. Allemagne, xviiie siècle. Long., 94 cent.; larg., 54 cent.

82 — Voile de bénédiction en *toile d'or* damassée d'un dessin de fleurs, bordé d'une dentelle d'or. Italie, xviiie siècle. Long., 2 m. 26; larg., 47 cent.

83 — Voile de bénédiction en *faille* crème brodée au passé de fleurs polychromes et d'or. Au centre, chiffre de Jésus-Christ entouré de rayons. Il est bordé d'une dentelle d'or et doublé en taffetas rose. Italie, xviiie siècle. Long., 2 m. 47; larg., 68 cent.

84 — Voile de bénédiction en *moire* crème brodée au passé d'un semis de fleurs polychromes et d'étoiles d'or. Au centre, chiffre de Jésus-Christ entouré de rayons, avec paillon de couleur. Il est bordé d'un galon d'or. Italie, xviiie siècle. Long., 2 m. 3o; larg., 51 cent.

CHASUBLES & DALMATIQUES

85 — CHASUBLE non montée, en *soie* brochée à fond blanc, décor polychrome de fleurs et d'épis dans des vases. Italie, deuxième moitié du xviiie siècle.

86 — CHASUBLE non montée, en *soie* brochée à fond de *faille* blanche rayée de rose en différents tons, décor polychrome en semis de fleurs. France, époque Louis XVI.

87 — CHASUBLE non montée, en *faille* à fond blanc rayé de rose, décor de fleurs roses, feuilles vertes et rubans mauves. Italie, deuxième moitié du xviiie siècle.

88 — CHASUBLE non montée, en *brocatelle* jaune à décor blanc, bande médiane en *damas* vert. Italie, xviie siècle.

89 — CHASUBLE non montée, en *brocatelle* saumon à décor blanc, bande médiane en *lampas* à fond rouge, décor de fleurs et de rinceaux en vert, jaune et blanc. Italie, xviie siècle.

90 — CHASUBLE non montée, en *lampas* maïs, décor ton sur ton avec un peu de rose. Italie, xviiie siècle. Long., 95 cent.; larg., 54 cent.

91 — CHASUBLE non montée, en *lampas* bleu ton sur ton. France, xviiie siècle.

92 — CHASUBLE non montée, en *damas* vert clair. Italie, xviiie siècle.

93 — CHASUBLE en *lampas* à fond blanc, décor de plantes en jaune, bleu, rose et vert; galons d'argent. Italie, xviie siècle.

94 — CHASUBLE en *brocart* à fond vert et gris, décor de fleurs en rouge, argent et bistre; galons d'argent. France, époque Louis XIV.

95 — CHASUBLE en *brocart* à fond damassé terre cuite, décor polychrome de fleurs dans des rinceaux or et argent; galons jaunes. Italie, xviii⁰ siècle.

96 — CHASUBLE en *brocatelle* à fond satiné cramoisi, décor d'entrelacs et de fleurons jaunes (un morceau usé a été remplacé par une brocatelle cramoisi et blanc). Galons jaunes. France, époque Louis XIV.

97 — CHASUBLE en *soierie* brodée crème, à fond damassé et à décor polychrome de fleurs et de cerises. Galons et dentelles d'or. Italie, xviiiᵉ siècle.

98 — CHASUBLE en *soierie* brochée, à fond crème damassé, décor polychrome de fleurs. Galons jaune pâle. France, époque Louis XIV.

99 — CHASUBLE en *brocart* à fond saumon, décor de fleurs et de fruits en vert, argent et blanc. Galons d'or. Doublure en moire brune. France, époque Louis XIV.

100 — CHASUBLE en *taffetas* broché à fond mauve, décor de rubans blancs et de fleurs polychromes. Galons d'or. Doublure en taffetas cramoisi. Italie, milieu du xviii⁰ siècle.

101 — CHASUBLE en *lampas* jaune, à décor d'ornements et de fleurs en blanc et brun-rouge. Galons jaunes. Doublure en satin rouge brun. France, époque Louis XIV.

102 — CHASUBLE en *brocart* à fond crème, décor de fleurs polychromes et de festons en or et argent. Galons d'or. Doublure en taffetas gris-bleu. Italie, xviii⁰ siècle.

103 — CHASUBLE en *soierie* brochée, à fond blanc, à décor polychrome de fleurs en bouquets. Galons jaunes. Italie, xviii⁰ siècle.

104 — CHASUBLE en *taffetas* à bandes vertes et jaunes, les jaunes
rayées de blanc, les vertes de jaune et de rouge, avec décor
de plantes en blanc. Galons jaunes. France, deuxième moitié
du xviii° siècle.

105 — CHASUBLE en *taffetas* damassé crème, à décor broché de
bouquets polychromes. Galons d'or. Quelques morceaux
rajoutés d'une autre étoffe. Italie, xviii° siècle.

106 — CHASUBLE en *lampas* à fond gris et à décor de fleurs en
rose, mauve, vert et blanc. Galons d'or. France, époque
Louis XIV.

107 — CHASUBLE faite de deux *taffetas* : l'un, à fond blanc
damassé à décor polychrome de fleurs; l'autre, rayé vert
pomme et rose avec décor semblable. Galons d'or. Italie,
Fin xviii° siècle.

108 — CHASUBLE en *brocatelle* tramée rouge et jaune à grand
dessin. Galons et frange jaunes. Italie. xvii° siècle.

109 — CHASUBLE en *brocart* à fond blanc, décor d'ornements et
de fleurs polychrome et argent. Galons d'or. Doublure en
toile de soie amarante. France, époque Louis XIV.

110 — CHASUBLE en *brocart* à fond crème vergé avec bandes
pointillées de vert et décor de semis de fleurs polychrome et
or. Galons d'or. Doublure en taffetas rose. France, xviii° siècle.

111 — CHASUBLE en *brocatelle* bleu ciel, à décor blanc, bande
médiane en *brocart* à fond rose damassé, décor en argent;
galons d'or et d'argent. Italie, début du xviii° siècle.

112 — CHASUBLE en *brocart* à fond blanc, tramé d'argent, et
décor polychrome de fleurs et motifs d'or; galonnage en
dentelle d'or. Italie, xviii° siècle.

113 — Chasuble en *brocart* à fond jaune, décor de fleurs en rose, bleu, mauve, noir, blanc et argent. Bande médiane en lampas à fond jaune, décor en mauve et gris ; galons d'or. Italie, fin du xvii° siècle.

114 — Chasuble en *brocart* à fond blanc damassé, décor de rubans mauves et or et de fleurs roses, bleues et or ; galons d'or. France, milieu du xviiie siècle.

115 — Chasuble en *brocart* à fond crème damassé, à grand dessin de fleurs roses, bleues, mauves et or, avec feuilles vertes. Bande médiane en *taffetas* crème rayé d'argent, avec petit décor de fleurs polychromes ; galons d'or. Italie, xviii° siècle.

116 — Chasuble en *brocart* à fond damassé blanc, broché de fleurs en bleu, rose, mauve, vert et or ; galons d'or. Italie, xviii° siècle.

117 — Chasuble en *toile brodée* au matelassé, avec, sur le devant, les figures du Christ entre saint Pierre et saint Paul, rinceaux de fleurs en bleu, jaune, brun et vert ; galons d'or. Italie, début du xvii° siècle.

118 — Chasuble en *brocart* à fond bis damassé, à décor de rinceaux de fleurs en rose, bleu, vert et argent : bande médiane en *brocart* à fond damassé crème, décor de guirlandes en or et mauve, et de fleurs en rose, mauve, bleu et or ; galons d'argent. France, milieu du xviii° siècle.

119 — Chasuble en *velours* rubis, galonné d'argent. France, xviii° siècle.

120 — Chasuble en *taffetas* bleu pâle, broché de rinceaux de fleurs en rose, mauve, blanc et vert ; galons d'or. Italie, xviii° siècle.

121 — CHASUBLE en *damas* vert galonné d'or. France, début du
XVIIIe siècle.

122 — CHASUBLE en *droguet* rayé gorge de pigeon, entrelacs en
gris et mauve. Dentelles d'argent. France, XVIIIe siècle.

123 — CHASUBLE en *taffetas* broché d'argent et de fleurs roses à
feuillages verts sur fond rayé vert-pomme, gris et rose.
Dentelles d'argent. Italie, seconde moitié du XVIIIe siècle.

124 — CHASUBLE en *brocart* sur fond damassé crème; décor de
fleurs en rose, mauve, vert, argent et or. Galons d'or. Italie,
XVIIIe siècle.

125 — CHASUBLE en *brocart* à fond de satin damassé rouge
foncé; décor de fleurons en or et argent; bande médiane en
brocatelle prune, à décor jaune de fleurons et de chaînettes.
Galons d'or. Italie, XVIIe siècle.

126 — CHASUBLE en *brocart* à fond blanc damassé; décor de
fleurs et de rayures dentelées en bleu de deux tons et
argent. Galons d'argent; doublure en soie bleue. France,
XVIIIe siècle.

127 — CHASUBLE en *brocart* à fond damassé rouge-brun; décor
de fleurs en blanc et or. Galons d'or et dentelle d'or au
pourtour. France, XVIIIe siècle.

128 — CHASUBLE en *taffetas* rayé rose vif, rose pâle, jaune et
bleu. Galons orange. France, fin du XVIIIe siècle.

129 — CHASUBLE en *dauphine* gris-bleuté, à décor de rinceaux
de fleurs en rose, mauve, aubergine, blanc, bleu, rouge et
vert. Galons d'or. Italie, XVIIIe siècle.

130 — Chasuble en *lampas* jaune ton sur ton. Galons d'or anciens. Venise, xviiᵉ siècle.

131 — Dalmatique en *brocart* à fond de *damas* ponceau, décor de rinceaux et de motifs d'architecture en or, bleu, vert et rose; les panneaux de brocart bordés de damas ponceau. Galons d'or. Brocart français de la fin du règne de Louis XIV ; le reste du milieu du xviiiᵉ siècle.

132 — Chasuble et deux dalmatiques en *brocart* à fond satiné rouge à rinceaux de fleurs en crème, vert, rose et argent. Les dalmatiques montées en damas blanc. Larges galons d'or à dessin rocaille; galons d'or droits en bordure. Venise, milieu du xviiiᵉ siècle.

DEVANTS D'AUTEL

133 — Fragment de devant d'autel en *brocart* à fond de *faille* blanche damassée, avec semis de fleurs en mauve, argent, jaune et vert; galons d'or anciens. Italie, xviiiᵉ siècle.

134 — Devant d'autel en *brocart* à fond crème, décor de fleurs roses et argent et de feuillages verts et or; galons d'or, frange verte. Italie, xviiiᵉ siècle. Haut., 94 cent.; larg., 2 m. 17.

135 — Devant d'autel en *dauphine* gris et brun, à décor de fleurs roses et vertes, sans galons ni franges. France, milieu du xviiiᵉ siècle. Haut., 76 cent.; larg., 2 m. 10.

136 — Devant d'autel en *brocatelle* à fond de satin, décor crème, de feuillages avec motifs verts et rougeâtres; monté avec des dentelles d'argent. France, début du xviiiᵉ siècle. Haut., 89 cent.; larg., 1 m. 78.

137 — **Devant d'autel** en *taffetas* pêche, broché de bandes de
feuillages mauves et de fleurettes polychromes; monté avec
des galons jaunes. France, fin xviii° siècle. Haut., 99 cent.;
larg., 1 m. 79.

138 — **Devant d'autel** en *lampas* beige, à grand dessin de feuillages et de fleurs jaunes, avec motifs bleus, roses et verts.
Monté avec des galons d'or. Italie, xviii° siècle. Haut.,
96 cent.; larg., 1 m. 85.

CHAPES

139 — **Chape** non montée, en *velours de Gênes* à fond jaune,
décor de fleurs en grenat. Italie, xviii° siècle.

140 — **Chape** en *dauphine* crème, à décor de rinceaux de fleurs
roses en camaïeu. Galon et frange d'or. France, xviii° siècle.

141 — **Chape** en *damas* jaune. Galon d'argent. Italie, xviii° siècle.

142 — **Chape** en *brocart* à fond crème, décor de fleurs en violet,
bleu, mauve, rose, vert et or. Galons d'or; doublure en soie
jaune. Italie, xviii° siècle.

143 — **Chape** en *brocart* crème damassé d'argent, décor de
bouquets de fleurs en bleu, mauve, noir, vert et or. Galons
d'or. Italie, xviii° siècle.

144 — **Chape** en *damas* beige rosé, à grand dessin d'ornements,
de feuilles et de fleurs. Bordée d'un galon orange. Venise,
xvii° siècle.

145 — **Chape** en *brocart* à fond crème damassé, à décor de
bouquets en rose, mauve, bleu, jaune, vert, argent et or.
Bordure en *broderie* au plumetis sur *faille* crème de fleurs et
de fruits dans les mêmes tons. Galons et dentelle d'or; doublure en taffetas rouge. France, xviii° siècle.

146 — CHAPE en *drap d'or* jaune. Galon et dentelle d'or. France, xviiiᵉ siècle.

147 — CHAPE en *drap d'or* rose moiré. Galon et dentelle d'or. France, xviiiᵉ siècle.

148 — CHAPE en *drap d'or* rose moiré. Galon et dentelle d'or. France, xviiiᵉ siècle.

149 — CHAPE en *brocart* gris, à décor de fleurs en blanc et argent. Galons d'or. France, xviiiᵉ siècle.

150 — CHAPE en *brocart* jaune pâle à fond damassé, décor de fleurs en argent. Galons d'or; doublure en soie cramoisie. France, milieu du xviiiᵉ siècle.

TAPIS DE TABLE, TENTURES

151 — TAPIS de table composé de quatre bandes de *damas* vert foncé à petits dessins. Monté avec des galons d'or. Italie, xviiiᵉ siècle. Long., 1 m. 05; larg., 86 cent.

152 — TAPIS de table à coins arrondis, fait de trois bandes de *damas* rose à petits dessins. Galons d'or sur les coutures et au pourtour. Italie, début du xviiiᵉ siècle. Long., 1 m. 10; larg., 69 cent.

153 — TAPIS de table à coins arrondis, fait de trois bandes de *damas* vert à rinceaux de fleurs. Galons verts sur les coutures; galon vert festonné au pourtour. Italie, fin du xviiᵉ siècle. Long., 1 m. 04; larg., 64 cent.

154 — Tapis de table étroit, arrondi aux deux bouts, en *taffetas* broché à fond bleu rayé lilas, décor de fleurs en rose, blanc et vert. Il est bordé d'un effilé beige. France, époque Louis XVI. Long., 1 mètre; larg., 61 cent.

155 — Tapis de table étroit et arrondi aux deux bouts en *taffetas* broché rayé violet, bleu et gris, à décor de fleurs blanches, rouges et vertes. Il est bordé d'un galon d'argent. France. époque Louis XVI. Long., 1 m. 35; larg., 69 cent.

156 — Tapis de table à coins arrondis en *brocatelle* verte et prune. Il est monté avec des galons d'or. Époque Louis XIV. Long., 94 cent.; larg., 93 cent.

157 — Tapis de table en morceaux de *brocatelle* grise à grand décor d'ornements et de fleurs. Il est bordé d'un galon jaune. Italie, xviiᵉ siècle. Long., 66 cent.; larg., 97 cent.

158 — Tapis de table composé de deux lés de *brocatelle* bleue à décor blanc, bordés d'une bande de *faille* jaune brochée de fleurs roses et de rayures bleu ciel. France, xviiiᵉ siècle. Long., 1 m. 93; larg., 1 m. 57.

159 — Tapis de table aux angles arrondis, fait de quatre bandes de *brocatelle* verte, à décor de fleurs et de fruits en gris. Il est bordé d'un galon d'or. France, époque Louis XIV. Long., 98 cent.; larg., 81 cent.

160 — Tapis de table à coins arrondis, fait de deux lés de *brocatelle* bleue, à décor gris de fleurs avec bandes grises damassées. Il est bordé d'un galon d'argent. Italie, xviiiᵉ siècle. Long., 1 m. 05; larg., 66 cent.

161 — Tapis de table à coins arrondis, en *brocatelle* lilas à décor gris de fleurs et de palmiers, bordé d'une dentelle d'argent. Italie, xviiᵉ siècle. Long., 1 m. 15; larg., 68 cent.

162 — Tapis de table à coins arrondis, en *brocatelle* jaune brun
à petits dessins; bordé d'un effilé jaune et or. France, milieu
du xvii° siècle. Long., 1 m. 02; larg., 68 cent.

163 — Tapis de table à coins arrondis, fait de trois bandes de
brocatelle à fond satiné cramoisi, décor de rinceaux et de
fleurs en jaune d'or; galons d'or sur les coutures et au
pourtour. Italie, xvii° siècle. Long., 1 m. 01; larg., 46 cent.

164 — Tapis de table en *satin* pékiné jaune, bordé d'un effilé
jaune. France, époque Louis XVI. Long., 2 m. 20; larg.,
1 m. 75.

165 — Petit tapis de table en *dauphine* à fond gorge de pigeon,
décor polychrome de bouquets dans des rinceaux de fleurs
blancs et mauves; galons, dentelles et franges d'argent. Italie,
xviii° siècle.

166 — Tapis de table composé de morceaux de *dauphine* à fond
bleu ciel, décor en blanc avec fleurs polychromes; bordé
d'un galon festonné blanc et or. France, xviii° siècle. Long.,
1 m. 25; larg., 68 cent.

167 — Tapis oblong en *lampas* rose, décor en camaïeu de grands
rinceaux; monté avec galons d'or anciens. Italie, xvii° siècle.
Long., 1 m. 05; larg., 62 cent.

168 — Petit tapis de table en *lampas* à fond cramoisi, décor de
fleurs bleues de deux tons, avec feuillages et rinceaux blancs
et bis; galons d'or. Italie, xviii° siècle.

169 — Tapis de table à coins arrondis, fait de trois bandes de
lampas à fond jaune, décor polychrome de fleurs et de fruits
avec des rocailles; galon jaune et or sur les coutures et au
pourtour. France, début du règne de Louis XV. Long.,
90 cent.; larg., 65 cent.

170 — Tapis de table en *soierie* brochée rose à fond damassé, avec semis de fleurons en fil d'or. Époque Louis XVI. Bordé d'une ruche en taffetas bleu. Long., 1 mètre; larg., 97 cent.

171 — Tapis de table formé de deux bandes de *soierie* brochée, à fond cannetillé mauve et décor de plantes en crème damassé formant réserves ornées de bouquets polychromes. Il est bordé d'un galon d'argent. France, xviii⁰ siècle. Long., 1 mètre; larg., 52 cent.

172 — Tapis de table en *soierie* brochée, à fond jaune damassé, décor polychrome de fleurs. Il est bordé d'une dentelle d'argent et doublé de taffetas vert. France, milieu du xviii⁰ siècle. Long., 1 m. 90 ; larg., 83 cent.

173 — Tapis de table à coins arrondis, fait de trois bandes de *soierie* brochée, à fond crème, décor de fleurs roses avec feuillages verts, sur rinceaux jaunes. Galons jaunes en bordure et sur les coutures. France, xviii⁰ siècle. Long., 1 mètre; larg., 67 cent.

174 — Tapis de table à coins arrondis, fait de trois bandes de *brocart* magenta, à fond satiné et damassé, décor de rinceaux avec fleurs et épis en fil d'or. Galons d'or sur les coutures et au pourtour. Russie, vers 1830. Long., 99 cent. ; larg., 62 cent.

175 — Tapis de table fait de trois lés de *brocart* à fond damassé bleu pâle, à décor rocaille mauve, bleu, blanc, or et argent. Bordé d'un galon d'or doublé de toile de soie grise. France, milieu du xviii⁰ siècle. Long., 2 m. 22 ; larg., 1 m. 57.

176 — Tapis de table à coins arrondis, en *brocart* à fond crème damassé, décor de rinceaux de fleurs en or, vert, bleu et deux tons de mauve. Galonné d'or. Italie, xviii⁰ siècle. Long., 95 cent. ; larg., 65 cent.

177 — TAPIS de table en *brocart*, à fond de faille rose pâle et à décor de fleurs rose vif et argent. Bordé d'un galon blanc. Italie, XVIIIᵉ siècle. Long., 2 m. 10 ; larg., 1 m. 59.

178 — TAPIS de table composé de morceaux de *brocart* à fond damassé crème avec semis de motifs : bouquets de grenades en broché de tons pâles, avec rehauts de métal. Il est bordé d'un galon jaune. Italie XVIIIᵉ siècle. Long., 94 cent. ; larg., 1 m. 05.

179 — TAPIS de table composé de morceaux de *brocart* à fond crème damassé ; grand décor de rinceaux en fil d'or et soie rouge. Il est bordé d'un galon d'or. Italie, XVIIIᵉ siècle. Long., 88 cent., ; larg., 78 cent.

180 — TAPIS de table composé de quatre bandes de *brocart* à fond crème, décor de fleurs mauves, bleues et blanches, avec fils de métal ; bordé d'un galon d'or. France, XVIIIᵉ siècle. Long., 90 cent. ; larg., 85 cent,

181 — TAPIS de table composé de morceaux de *brocart* à fond de faille maïs et à décor de fleurs polychromes et de feuilles en fil d'or ; semis de fleurs or et mauve et de fleurs argent. Bordé d'un galon d'or. Italie, XVIIIᵉ siècle. Long., 72 cent. ; larg., 89 cent.

182 — TAPIS de table en *brocart* écarlate à fond damassé et à décor de feuilles à trois pédoncules en or épinglé. Il est bordé d'une dentelle d'argent et doublé de toile de soie grise. Italie, XVIIIᵉ siècle. Deux lés de 1 m. 25 ; larg. de chaque lé, 33 cent.

183 — TAPIS de table composé de deux lés de *brocart* à fond de faille aubergine, à décor broché de fleurs polychromes et argent. Il est bordé d'un galon d'argent et doublé de taffetas vert. Long., 1 m. 61 ; larg., 1 m. 12.

184 — TAPIS de table en *brocart* mauve, à rinceaux blancs et argent et fleurs polychromes. Il est bordé d'un galon d'argent. Italie, XVIIIe siècle. Long., 1 m. 42 ; larg., 1 m. 07.

185 — DEUX PAIRES DE RIDEAUX en *damas* ponceau, de style Louis XV. Chaque rideau est composé d'un lé de 65 cent. et d'un demi-lé en 2 m. 70 de longueur. France, XIXe siècle.

186 — TENTURE en *damas* rouge à grand dessin de fleurs, partiellement frangée d'or avec un galon d'or sur champ en bordure ; le bas découpé en feston. France, XIXe siècle. Long., 2 m. 42 ; larg., 1 m. 44 (deux lés de 72 cent).

187 — *Damas* blanc à décor de fleurs. France, début du XVIIIe siècle. Larg. du lé, 54 cent. ; quatre lés de longueur inégale et deux bandes.

188 — LÉ de *damas* jaune foncé. Italie, XVIIe siècle. Larg. du lé, 62 cent. ; métrage, 2 m. 50.

189 — PORTIÈRE faite de morceaux de *damas* gris-bleu, ton sur ton à grand dessin. Partiellement bordée : galon jaune et frange d'or. Italie, XVIIe siècle. Long., 2 m. 80 ; larg., 86 cent.

190 — BANDE de *damas* cramoisi à grand dessin encadré d'un large galon d'or et d'un second plus étroit sur champ. Italie, XVIIIe siècle. Long., 5 m. 85 ; larg., 81 cent.

191 — PAIRE DE CARRÉS en *damas* vert pistache, décor menu à semis de fleurettes, bande de satin du même ton au pourtour. France, XVIIIe siècle. Chacun : long., 1 m. 21 ; larg., 95 cent.

192 — TROIS CARRÉS en *damas* vert émeraude à grand dessin. France, époque Louis XIV. Chacun : long., 1 m. 21 ; larg., 1 m. 09.

193 — Quatre lés de *damas* rouge à grand décor. Italie, début
du xviiie siècle. Haut., 2 mètres; larg. du lé, 50 cent.

194 — Panneau de *damas* cramoisi à grand dessin de fleurs;
bordé d'un galon en velours de Gênes du même ton. Italie,
xviiie siècle. Haut., 2 m. 73; larg., 5 lés de 50 cent.

195 — Tenture faite de deux lés de *taffetas* aubergine en 104
cent. de largeur, bordée d'un galon d'argent. xviiie siècle.
Haut., 2 m 08; larg., 2 m. 12.

196 — Couvre-lit en *taffetas* jaune moiré rayé de rouge. Italie,
fin du xviiie siècle. Long., 2 m. 20; larg., 2 m. 84.

197 — Couvre-lit en *taffetas* amarante, bordé d'un galon jaune.
France, xviiie siècle. Long., 1 m. 75; larg. 2 m. 25.

198 — *Taffetas* broché, fond rayé bleu pâle et blanc à pointillé
rouge, décor polychrome de rinceaux et de bouquets; semis
de fleurons en camaïeu feuille morte. Italie, deuxième moitié
du xviiie siècle. Métrage, 9 m. 90. Largeur du lé, 48 cent.

199 — Trois carrés de *faille* crème brochée de rayures en bleu
et jaune; ils sont bordés d'un ruban rose. Italie, dernier quart
du xviiie siècle. Chacun : long., 1 m. 26; larg., 1 m. 02.

200 — Soierie brochée à fond vert pistache et décor en divers
tons de rose à l'imitation du point de Hongrie. xviiie siècle.
Long., 90 cent.; larg., 2 m. 50. (Métrage composé de morceaux.)

201 — Rideau en *satin* rayé crème, jaune, brun et rose; il est
bordé d'un galon damassé gris argent. France, seconde
moitié du xviiie siècle. Quatre lés : long., 2 m. 90; larg.,
70 cent. (Un lé est coupé à la largeur de 50 cent.)

202 — Quatre panneaux de *brocatelle* rouge à décor de rinceaux
jaunes, avec bordures tissées à même des quatre côtés. Un
des panneaux est tissé sans sa bordure du bas. Italie, xvii^e
siècle. Dimensions de chaque panneau : long., 2 m. 20 ;
larg., 52 cent.

203 — Lampas à fond crème damassé, décor polychrome de
fleurs. France, époque Louis XIV. Environ 9 mètres en
55 cent. de largeur.

204 — Brocatelle à fond jaune d'or, grand dessin cramoisi.
Espagne, xviie siècle. Largeur du lé, 63 cent. ; métrage,
16 m. 50.

205 — Fond de lit en *satin broché* à fond amarante, décor jaune
et blanc, d'ornements classiques et de bouquets de roses dans
des couronnes de roses. France, époque Empire. Haut.,
4 mètres ; larg., 2 m. 07.

BIBLIOTHEQUE NATIONALE DE FRANCE
3 7531 03224990 8

www.ingramcontent.com/pod-product-compliance
Ingram Content Group UK Ltd.
Pitfield, Milton Keynes, MK11 3LW, UK
UKHW022318170726
13837UKWH00005BA/2056